Fósiles

Grace Hansen

capstone®

www.mycapstone.com

Abdo
¡SÚPER GEOLOGÍA!
Kids

Spanish Translator: Maria Puchol

Photo Credits: AP Images, iStock, Landov Media, Science Source, Shutterstock

Production Contributors: Teddy Borth, Jennie Forsberg, Grace Hansen

Design Contributors: Laura Rask, Dorothy Toth

Library of Congress Cataloging-in-Publication Data

Cataloging-in-publication information is on file with the Library of Congress.

ISBN 978-1-4966-0678-5 (paperback)

Printed in the United States of America, North Mankato, Minnesota.
092015   009221CGS16

Contenido

¿Qué es un fósil?

Los fósiles pueden ser **restos** de plantas o animales. Éstos se llaman fósiles orgánicos. Las semillas y los huesos son fósiles orgánicos también.

4

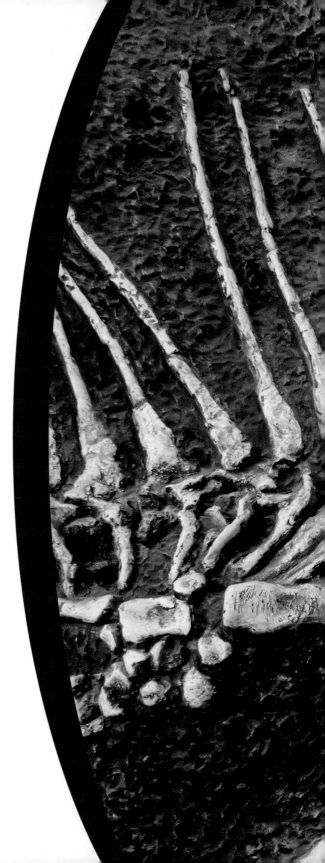

5

Los fósiles pueden mostrar

cosas que ocurrieron.

Se llaman pistas fósiles.

Las huellas son pistas fósiles.

Convertirse en fósil

Convetirse en fósil no es fácil. A menudo los animales muertos son devorados. El viento puede llevarse las plantas muertas. También se descomponen.

9

El animal o planta tiene que haber muerto en un lugar seguro. Su cuerpo debe estar **protegido**.

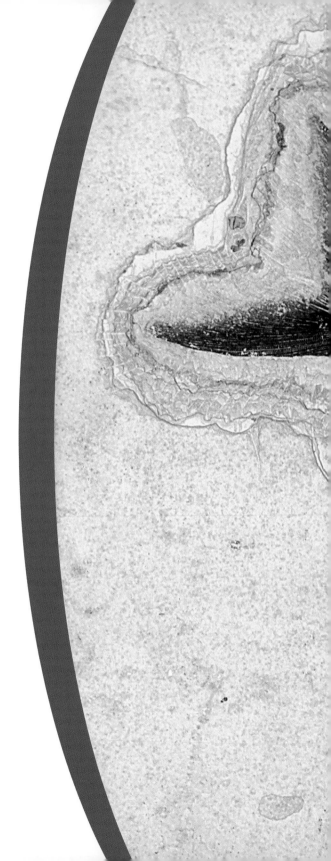

Lo mejor es morir en el fondo
del mar o del río. El barro,
la arena o la tierra pueden
fácilmente cubrir el cuerpo.
Una vez cubierto, el cuerpo
está **protegido**.

El tiempo pasa. El cuerpo se hunde más profundamente en la tierra. La tierra sobre el cuerpo es pesada. Hace presión hacia abajo. La tierra alrededor del cuerpo se convierte en roca.

15

Para entonces lo único que queda es el hueso, o el **molde** del hueso o de la planta.

17

Hallar fósiles

Los fósiles pueden hallarse muchos años más tarde. Científicos especializados desentierran los fósiles. Tienen que ser muy cuidadosos. Los fósiles se pueden romper fácilmente.

De los fósiles aprendemos muchas cosas. Aprendemos cómo cambian las cosas. También aprendemos sobre la historia de la Tierra.

21

Tipos de fósiles

pistas fósiles

madriguera

huevo

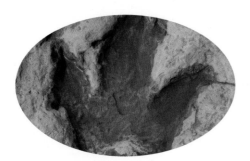

huella

fósiles orgánicos

cuerpo de animal

planta

concha

22

Glosario

molde – patrón hueco de algo.

proteger – mantener fuera de peligro.

restos – lo que queda del cuerpo después de morir
un animal o una planta.

Índice